Tipiadau

LLION PRYDERI ROBERTS

DIOLCHIADAU

Diolch o galon i bawb a fu'n barod iawn eu cymorth a'u hanogaeth wrth lunio'r gyfrol hon. Carwn nodi'n benodol:

- Llenyddiaeth Cymru am ddyfarnu imi Ysgoloriaeth Awdur, lle gwelodd rhannau o'r gwaith hwn olau dydd yn y lle cyntaf.
- Rhys Dafis, am ei ddosbarth cynganeddu hwyliog yng Ngwaelod y Garth, ac am ei sylwadau treiddgar ac anogol ar ddrafft cynnar o'r gyfrol.
- Aelodau tîm Talwrn Aberhafren am herio, mireinio a chaboli cerddi.
- Criw'r Twlc, Caerdydd a'r Dosbarth Llenyddiaeth Gymraeg yng Nghasnewydd am drafodaethau difyr ar rai o gerddi'r gyfrol.
- Sioned Davies a Dylan Foster Evans o Ysgol y Gymraeg, Prifysgol Caerdydd, am fy annog i gwblhau'r gyfrol. Diolch hefyd i'm cydweithwyr yn yr Ysgol am eu diddordeb a'u cymorth, yn benodol Siwan Rosser ac Angharad Naylor.
- Rhiannon Marks, am ei hawgrymiadau gwerthfawr ar ddrafft o'r gyfrol.
- Huw Meirion Edwards o'r Cyngor Llyfrau am ei gyngor deallus wrth baratoi'r gyfrol at ei chyhoeddi.
- Y Gymdeithas Gerdd Dafod, a Llŷr Gwyn Lewis yn benodol am fy annog i gyflwyno'r gyfrol i'w chyhoeddi.
- Elena Gruffudd ac Alaw Mai Edwards, Cyhoeddiadau Barddas, am eu brwdfrydedd ac am lywio'r gyfrol drwy'r wasg gyda gofal manwl ac amynedd Job. Diolch hefyd i'r dylunydd am ei ddyfeisgarwch.
- Aled a Lynwen John, am eu cymorth wrth imi baratoi'r gyfrol.
- Cyfeillion a phawb arall oedd yn fodlon gwrando arnaf yn hefru am y gyfrol!

Yn olaf, hoffwn ddiolch yn ddiffuant i'm teulu am eu cefnogaeth. Diolch i Lois, Joseff a Bedwyr am bopeth.

I Lois
ac er cof am fy mam, Evelyn
(Awst 1946–Mehefin 1995)

'Sometimes this is what we are unknowingly awaiting: to be taken up by the motion of some charismatic moment, some accidental, odd, or contingent opportunity . . . We wait, all of us, for what enlivens and unsettles us.'

Gail Jones, *Sixty Lights*

'we suffer time. Time is suffering. Such is time . . . it is nothing but a fleeting structure of the world . . . that which is capable of giving rise to what we are: beings made of time.'

Carlo Rovelli, *The Order of Time*

'Trying to remember is itself a shock, a kind of detonation in the shadows, like dropping a stone into the silt at the bottom of a pond: the water that had seemed so clear is now turbid . . . and enswirled'.

Patrick McGuinness, *Other People's Countries*

00:00

CWSG
(wrth wrando ar Jessye Norman yn canu 'Beim Schlafengehen',
Pedair Cân Ddiwethaf, Richard Strauss)

Fel dal arian byw yn dy law,
mae'r clociau'n anwadal
pan ddaw cryndod cordiau
i ddeisyfu'r hwyr.

Trown at gysgod nodau,
a gostwng dau amrant
i gusanu'r gwyll, lle mae'r
synhwyrau'n crwydro'r sêr.

Ac o farwor yr oriau
mae colsyn cân yn esgyn
a'n heneidiau yn angori
mewn mudandod.

RHYDDID
(seiclo adref yn hwyr y nos heb olau)

Pan fo'r gornel dawelaf
yn herio'r synhwyrau byw
daw gwichian beic
ar frys i dywys drwy'r düwch.

Wedi gadael o'm hôl
lampau mêl y Bryn,
lle mae'r bore oer
yn aros i ledu'i erwau,
reidiaf rhwng sibrydion,
a niwlen hen olau rhyw loer
yn sgubo'r lôn.

Ond gwn,
â llygad gwalch,
nad cyfrinadur na mesur map
a ŵyr yn burion
droeon cynefin, cyfrin y co'
i hel at wely,
ond bod y beic fel ffoadur
yn anwesu'r nos
a gwawr yn iro'i geriau.

ATGOF

Daethost ataf
dan wisgo ein hafau
ac addo, fel derbyn gwahoddiad,
y byddet yn aros am noson
yn westai
a chyd-loddestwr
o ffiniau'r gorffennol.

Heno bwytawn fel bonedd,
drachtio gwin
a gadael i'n sgwrsio ganu ei fiwsig,
nes tybiaf dy fod yn gig a gwaed.

Yna, gafael ynot;
awn i godi hanes o'i gadwyni,
eiliadau fel glöyn yn gleidio
a thasgu o'th esgyll
heulwen dy olud,
nes gwneud i mi gredu dy fod yn grwn,
yn goronog fel tywysoges
yn y ddawns,
yn cadw ddoe
yn ddiogel ddigon.

Ond o daro'r bore
aflonydd
fe ddiflanni;
ei heglu,
namyn persawr yn goglais,
am i mi gredu fod modd
dy reoli
cyn canfod mai ti yw Sinderela.

CYSGU LLWYNOG

Rhwng cwsg ac effro,
cyffro;
llygaid
llond Huwcyn Cwsg
ond y clustiau'n
synhwyro pob smic –
troed ar styllen,
sisial papur,
siffrwd sach –
yna encil
i'r fagddu;
daw'r hen Siôn
i drampio'r dirgel,
a gadael briwsion blynyddol
a swyn yr hosan lawn o'i ôl.

Rhywfodd,
rhwng gwyll a gwawr
llwybreiddiodd siffrwd
hyd y carped
a gollwng Cymru
yn sachaid
i hosan hunaniaeth,
mor drwm â maen melin –
ond bod pob byrdwn
wedi'i lapio
ym mhapur cariad.

Ond mae Huwcyn
o hyd yn loetran mor ddifater
rhwng effro a chwsg;
agoraf lygad,
a chanfod briwsion
gerllaw'r hosan
wag.

REQUIEM
(Mehefin 2006)

Nid *lacrymosa* mohoni heddiw;
nid galargan
ond pasiant,
a chôr y neuadd
yn taflu'u perlau
at y nenfwd
a gwagleoedd ffydd.

Ond yn swatio
dan berseinedd
y mae'r galar cromatig
sy'n gwrthod asio â'r lleisiau,
er bod degawd a rhagor
ers rhannu pàs o'r sbyty;
cwyd ei ben
yn storm y *dies irae*,
môr lliant ei phistyll
yn tasgu'i asid ar flew croen,

mor wahanol
i dipian y morffin
sy'n fferru brathiadau o boen
a byw.

Libera me?

Felly
y daeth taranfollt dy golli
i deilchioni ffenestr liw fy myd,
a hudo'r gwynt
i gonglau'r noddfa;
dod â diffodd cannwyll y mêr
rhwng dafnau bys a bawd,
gan adael rhimyn llwydwyn o fwg
fel cysgod brân.

DELWEDD

('to photograph is to appropriate the thing photographed',
Susan Sontag, *On Photography*)

Mewn un amrant, ar gais rhyw gamera hy'
fe dynnwyd llen dros bryd a gwedd presennol
nad oes gwadu'i wir, dim ond gwyn a du
yn fflach o brawf mai dyma'r nain swyddogol.

O'i gweld yn awr, nid yw ei thlysni set
ddim gwaeth na gwell na gwreigen fach arferol,
llond pen o edau eira o dan yr het
a gwên ei threm ynghudd dan ffrâm ei sbectol.

Ond gwelaf stafell wyll drwy dwll y clo,
ac yno ar y lein mae llun gwahanol
heb glirder gwarant yn ei gemeg o
na sadrwydd digyfaddawd sgrin ddigidol;

ond chwarddiad bach yr enfys sgafna' erioed
yn harddu lens Sadyrnau tair blwydd oed.

GLAW

Mae i'w rythmau eu hapêl,
pan fo ffrwd ei ochenaid yn ddiddanwch,
gefn trymedd;
dysgais ddawnsio i'w guro gwamal,
ac estyn maldod
mor wag â phant gobennydd.

Ond heno,
mae'r ffenestri'n troi tu min
am fod tynerwch
yn bwrw ar gwrlid o groen,
ac ager boreddydd
yn chwysu'i sêl
rhwng dau gledr llaw.

CYNHAEAF

Cyrraedd y glwyd
a llygadu ysbail
cefnfor o wair;

Dad yn cwympo'r cydiwr
a chodi chwyrnad
mwg dîsl,
ac ymlaen â ni
yn ein hwyliau.

Mae ogla'r lego melyn
yn cosi ein trwynau,
a siarc o gi defaid
yn sgyrnygu'i ddannedd –
ninnau'n smyglo'i diriogaeth
yn llygad haul.

Dringaf y bwliwn i ben llwyth
ac yno'n ddyn i gyd
brwydro sigl y tonnau
a'u meddwon milain,

nes troedio tir mwsg tŷ gwair
a dadlwytho'r dychymyg
i chwysu'n dwt,
cyn disgyn cyfnos
sy'n ffroeni'r llwydni.

CYFRINACH
(noson gyntaf mewn cartref newydd)

Agor drws yw gwrando
ar guriad calon y concrid,
fel canfod papur newydd o dan garped,
neu we arian rhwng distiau'r atig.

Ni ŵyr neb sawl munud o'r oesau
a welaist; ond rwyt ti'n taflu
ambell gip yn stribed ffilm ar y patshyn
lle sleifia llusernau'r stryd i mewn o'r hwyr.

Ac wrth i'r lluniau ddihoeni, mae'r peipiau
fel pe baent yn chwerthin diferion
wrth weld rhyw jôc nas deallaf;
a chlustfeiniaf,
rhag ofn mai dagrau ydynt.

'NACHT DER LIEBE'
(*Tristan und Isolde*, Act II)

Yn nheyrnas Trystan herio'r ffin
wna dyfod Esyllt derfyn dydd,
mae llafn dy wên drwy'r oriau'n trin,

yn britho'r tawch, fel eira ar sgrin;
gall crynfa pob edrychiad cudd
yn nheyrnas Trystan herio'r ffin.

Fe ddymchwel gwyll y muriau blin
a'n deil yn garcharorion rhydd;
mae llafn dy wên drwy'r oriau'n trin,

yn rhithio persawr ar yr hin,
a choflaid gwefus dd'wed y bydd
yn nheyrnas Trystan herio'r ffin.

Mae blas diferyn ola'r gwin
yn dew â'th anal; cyffwrdd grudd
wna llafn dy wên drwy'r oriau'n trin.

Pan ddychwel cyfddydd cusan grin,
ni pheidia'r t'wyllwch tanbaid sydd
yn nheyrnas Trystan; herio'r ffin
wna llafn dy wên drwy'r oriau'n trin.

TRÊN
(mynd am dro i Orsaf Ganolog Caerdydd)

O'i dŵr, fe welodd amser fi'n dod o bell,
a difrawder ei wyneb yn cuddio'i amheuaeth
wrth ddilyn pob cam a gymerwn.
Cerddais heibio i'r bont bygddu
a theimlo'i phechod yn tynnu ar fy nghôt,
fel pe gallwn i gynnig iachâd.

Cyrraedd y cyntedd crand
lle mae tipian mynd a dod ar y marmor;
bron na ddaliai'r orsaf ei gwynt
am na ddeallai fy nghamau hamddenol.

Heb docyn,
ni chawn fynd i ofera ar y platfform,
sawru ei fudreddi,
rhifo'r caniau gweigion rhwng y cledrau
neu wylio'r rhai sy'n cyfri'r dyddiau fesul rhif.

Yn hytrach sefais yn stond,
gan deimlo'r waliau'n
syllu arnaf â chwilfrydedd rheithgor;
plediais fy achos â'r hysbysfyrddau,
ond roedd y rheini'n newid eu cân byth a beunydd,
fel tystion nerfus
dan bwysau'r gwir.

A phan chwyrnellodd dydd y farn
rywle'n yr entrychion,
treiddiodd taran injan fel dwrn dedfryd
a gwyddwn nad sŵn croeso ydoedd.

TRYSOR
(o weld llestri agored croesliniog (gwydr chwyth) gan Kathryn Roberts)

Fel crair, rhoes Nain ei llestri
i'w gwarchod rhag y gwe
tu ôl i wydrau parchus,
heb fentro'u cael i de.

Ond gwelaf nawr o'u hestyn
i'w llnau, a thynnu'r llwch,
na chuddia'r patrwm cywrain
mo'r craciau mân sy'n drwch.

O roi i'w ceinder nodded
rhag cur a chleisiau'r gwaith,
ni chlywsom drwst eu gwacter
yn hollti fel hen iaith.

04:00

BREUDDWYD

Mae'n rhaid bod rhyw donfedd
yn dod â delwedd ar daith,
fel derbyn neges destun o'r nos;

neu falle mai rhesymeg peiriant
sy'n gyrru'r tameidiau meim
hyd draffordd goleuni.

Ond tu hwnt i ddirnadaeth *sat nav*
does 'na 'run duw
all saernïo synnwyr lôn,

ac wedi goleuo am chwinciad
mae'r darnau'n diffodd,
a gadael bwlch fel cerdd anghyflawn.

CLOC

Mae'r ffrâm sy'n gwarchod amser
yn dweud drwy'r farnish du
mai gwaedd ei bendil cyson
yw gormes gŵr y tŷ.

Ac yno yn ei garchar
mae ysbryd Llasar gynt
yn dyrnu'i drefn ar furiau
i'n cadw ar ein hynt.

Ond pan fo'i waed yn berwi
a'i lid yn dryllio'r pren,
bydd tipian Llaes Gyfnewid
yn canu yn fy mhen.

GWEDDI
(Mehefin 1995)

A'r bore'n bell,
nid oes ond waliau'r ward
yn cadw'u gwynder.

A'r rhyferthwy
yn cau am anwylyd,
penliniaf;
daw ataf eiriau cred
ar flaenau'u traed
hyd frig y don,
ond gan amau'r
dyfnderoedd
sy'n llechu tu hwnt
i dafodau datguddiad.

Ac wrth i'r anadlu
ddiffygio
daw'r don dros draed,
a phob ymadrodd
yn amddifad
yn rhwyd ddideimlad y dŵr.

A thybed nad ydynt
eto'n gadwedig
ym mhenyd y llanw;
mudandod gwymon
yn gwlwm amdanynt,
yno'n disgwyl
am faddeuant trai.

05:00

CARTHEN NAIN
(o weld paentiad melyn llorweddol (acrylig a chnu) gan Paul Emmanuel)

Ym more hèth, mae'i brethyn
yn daer am freuddwydion dyn,
a glawio'i harogleuon
yn ddi-wad wna ddoeau hon;

yn anwesiad pwythiadau
mae solas o gynfas gwau'n
troi ffibrau'r oesau o ran
yn wefrau; yma'n hofran
fel opiwm, a'i batrwm byw
yn hel adre'n ddiledryw
i wâl oer a hiraeth les
y gwely, nes creu Gwales.

ANARCHWYR

Maen nhw'n chwilio amdanoch
o berfedd eu byncar;
technoleg cyfiawnder
yn gwylio'r eiliadau,
a'r camerâu yn 'mestyn gwddf
i'ch canfod,
cyn plastro wyneb ar sgrin
a'ch rhoi ar herw i'r byd.

O glydwch grym,
ni chlyw tipiadau cadfridogion
ddiferu blerwch diamser
hyd waliau crwca'r ogof,
lle mae'r chwys yn dal
ar dywyllwch
a chybolfa dydd a du
yn arswydo a mwytho'i gilydd.

Ar bigau'r drain y disgwyliwch,
derfysgwyr y difesur,
a gwifrau'r bomiau bach
yn blysio fflam neu drydan
i ffrwydro'r clociau;
chwithau'n dyheu am fynd allan
a dwyn ar gyseinedd gwŷr
ryddfraint angof.

PACIO
(Medi 1994)

Prysurdeb yw cywain pleser i gesys a chadw'r ymennydd yn effro at bob gorchwyl dan haul.

Ond gwelais y machlud beth amser 'nôl.

Yr oedd hi'n olau
pan dynnaist ti'r cas
o ben y wardrob,
ei agor i wynt gwyliau
a hwnnw'n cyhwfan
cyffro mynd i'r coleg;

gosod ynddo'r dillad
wedi'u hanwylo
dan wingo'r haearn,
dim ond i'w crychu drachefn
yn sgytiadau'r siwrnai;

cofiaf iti fynnu prynu côt
i 'nghadw rhag y glaw
a dywalltai
hyd wyneb y flwyddyn;
rhesymeg tynged
yn rhoi min ar d'ofalaeth,

ordraist lenni newydd i'r tŷ.

Bryd hynny,
tanio car
ac edrych 'mlaen oedd y drefn,
ond fel gwraig Lot
troi 'ngwegil
i godi llaw ar dy silwét
rhwng cyrtans y llofft,
a halen ffarwelio
hyd ein bochau ni'n dau
yn lôn o risial.

SLOFI
(coll ar yr oriawr ar faes pebyll yr Eisteddfod)

Ni allaf ddweud ai'r gwlith neu chwys y tes
  a roes i daith dy fysedd gymaint strach
rhwng nos a chyfddydd, o dan gawod wres
  pelydrau cynfas las y bore bach;
neu tybed mai wrth ddrachtio'r hwyr a'r wawr
  o'r gwydr nad yw'n arddel llygaid plwm
y clywaist geiliog henaint ar bob awr
  a chanfod bod y byd a'i osgo'n drwm?
Ond gwir fod gwalch yn rhith tylwythen deg
  'di dwyn o'th afael ddeuddeng munud hir,
ac ni wnes innau ddim ond poeri rheg
  o siom, fy ffrind, cyn sylwi pa mor ir
y dawnsia oriau'r dydd ar ysgafn droed,
a chael ein bod ni'n dau yn teimlo ein hoed.

CLYCHAU

Sefyll
ar dywod democratiaeth,
dal cragen at glust
a gwrando
ar y tonnau'n trochi'r Cantre'
eto fyth.

Ro'n nhw yno i gyd yn y Bae,
yn sipian grym
o wydrau
a thoriad y grisial
yn gwyro'u golygon,
yn llowcio bara lawr Garanhir
a'i gyfeddach addewidion;
roedd hen rethreg
wedi bwrw ei phoer
yn gen
ar waliau'r gaer,
fel na sylwodd neb
ar y craciau yn y cerrig
dan bwysau'r llanw.

Ninnau yn nhŵr Seithenyn,
yn gwylio, gwylio,
ond heb weld
drwy ewyn cregyn mân ein byw
y tonnau'n trochi'r muriau
a'r delfryd.

DEFFRO

Mae rhagor rhwng du a du
pan fo'r awr
yn bwrw heibio'r tywyllwch,
a thincial boreau swbwrbaidd
yn croesawu'r dyddiau tesog
a'r twristiaid.

Heddiw, nid yw'r wawr ond gorwel.

Ailwisgo'i chôt
a wna'r nen
rhag y chwa sy'n llyfrïo dymuniad,
a'r mis sy'n hyrddio'i fusgrellni
ar ddail.

Ond nid yw'r tywydd
y tu hwnt i'r ffenest
ond portread.

Daw â'i gaddug
drwy'r gwydr a'r gwendid
nes lluwchio'i ddeiliach
yng nghwteri'r dydd.

Bryd hynny
croesawn y machlud,
pe deuai.

07:00

LAZAR
(a luniodd un o'r clociau mecanyddol cynharaf)

Troi a throsi'r darnau yn dy law
a wnei;
gwylio'u perygl dan gyffwrdd golau
yn gloywi gwynder dy farf
ac eira'r nos.

Tybed a wyt ti'n eistedd yn ogof dysg?
Cnul mynachlog
yn siantio disgyblaeth dychryn
dy enw,
mor debyg i'n Llasar ninnau;
dau â'u gefynnau'n dynn am hoedl dyn.

Tybed a yw'r dwylo
yn cydio darn wrth ddarn
â gofal tad?
Gweithio olwyn ac echel a sbring
a chlywed anadl newydd yn arswydo'r oes;
eistedd yn ôl wedyn,
ym malchder yr ennyd gyflawn.

Tu allan,
yn unol â'th ewyllys,
mae clais y dydd yn lliwio creigiau Athos;
o'th flaen,
curiad dyfodol
yn ebwch ar drymder desg;
rwyt ti'n rebel
ond fe ddeui i orchymyn bydoedd,
eu troi a throsi fel darnau yn dy law.

DEWINIAETH
(o weld y darlun 'Dewiniaeth' (print digidol), gan Morgan Griffith)

A hithau'n bryd hwylio o'r tŷ,
ei arfer boreol
fydd cau clust i lywodraeth siwt,
a chysgodi
o dan adain Cyw.

Ond mae'r sgrin yn amddifad,
a chwarel amgenach
yn ei lygaid,
er na wêl ond wybren.

'Dad, mae'r cymylau'n symud!'

Canfod a syndod
yn asio'i bedeirblwydd
â gwên anghrediniaeth;
camaf innau
o neuadd lathraidd y tystion
i ffugio rhyfeddod,
gan ymatal rhag atodi'r esboniad,
a chwennych glas ei gyfaredd,
am y tro.

CWYFAN

Mi ddes heb ddisgwyl ffrils na charped coch
  y nen yn taflu'i fylbiau hyd y traeth,
fy enw yng nghân y tonnau megis cloch
  na'r creigiau'n diasbedain awdlau ffraeth;
dim ond cael rhannu mymryn ar yr hedd
  sy'n plastro'i wynfyd paent ar furiau'r llan,
a dal edrychiad cyfrin ar dy wedd
  i geisio trefn llythrennau yn y man;
ond ches i ddim ond gwg y gwymon crin
  a chyllell gwynt yn plicio'r calch o'r mur,
y llanw llwyd 'di mynd yn gacwn flin
  a rhuo'r rasys ceir yn codi cur;
a throis yn ôl i swatio'n siom y car
heb sylwi fod 'na gerdd yn c'nesu 'ngwar.

08:00

LLADD GWAIR

Ar frys,
brasgamu drwy fynwent Cathays,
a drwm fy nhraed
yn atsain
'mysg y côr cerrig,
fel petai'r tenantiaid
yn cnocio'r drws
i dderbyn mwythau Awst
ar eu gwelwedd.

Ond rhwng y rhesi,
stopio'n stond;
grwndi'r meirw yn murmur
yn fy nghlust,
neu falle mai sŵn torrwr
anweledig
sy'n lladd gwair
hwnt i ffromedd y coed yw.

Glaswellt,
ar y gwynt,
yn medi
Bisto'r hysbysebion,
a chyniwair
alaw'r pibydd
a all droi'r palmant
dan draed
yn gynefin;

ac fe'i dilynaf i'r düwch.

ADLEWYRCH

O flaen y drych fe syllaist arno'n syn,
　dy lygaid blwydd ar agor led y pen,
a'th law'n cofleidio'r llun i gydio'n dynn
　yn llaw y ffigwr sydd tu draw i'r llen;
ond methu a wnest, a daeth dy ymgais ffôl
　â gwên i'm hwyneb i wrth wylio'r sioe –
a thithau'n llawn o'th benbleth, troist yn ôl
　i gyrchu'r ffrind, a chofiais innau ddoe
yn niwl llencyndod imi rythu'n hir
　ar wyneb calch rhyw fachgen ar y wal,
gan wadu'i fyd tu hwnt i'r gwydr clir
　ac ofni syrthio i mewn a chael fy nal;
ond syllu'n wag i garchar di-ben-draw
ei lygaid trist a wnes, heb estyn llaw.

COLLED

('Weithiau, codaf yn nyfnder nos ac atal pob un cloc'
Der Rosenkavalier)

Sut mae cyfri'r oriau
pan ddaw'r hin sy'n rhewi pendil
a dwyn cryd ar fysedd?

Am wyth,
deffrown,
ond nid i'r rhythm arferol
gerllaw'r gwely
sy'n adrodd am bob ystum
o'r goleuni a'r gwyll.

Mae'r cloc yn fud.

Rhof bwn i'w ddihuno;
egyr un llygad ddiog,
a rhegi'r styrbans
o sylwi gynhared yw'r awr rhwng ei fysedd.

Â'n ôl drwy ddorau cwsg
lle mae corryn y drydedd awr
yn dal i rwydo'r breuddwydion;
ond cyn hir
fe wawria'r drychineb ar ei wedd,
ac nid oes ei gysuro
o wybod iddo wylo'r munudau
ddafn wrth ddafn.

Mor anodd yw gollwng gafael
ar anwyliaid,
er bod hances da boch
fel llythyr gartre'n chwifio yn yr awel;
ond yma
mae'i frath yn gymaint chwerwach
am na wyddom eu tynged.

ENCIL

Fe drydar deryn yn yr ardd
pan wêl ei blant yn lledu adain,
â gwag y nyth yn blisgyn hardd
fe drydar deryn yn yr ardd,
a thybiais wrando telyn bardd
nes gweld pawennau'n gwalchio'r llain;
fe drydar deryn yn yr ardd
pan wêl ei blant yn lledu adain.

BODWYN
(pasio Bodwyn, hen gartref fy nhaid)

Yng ngeiriadur hogyn
enw chwerthin oedd 'bodyn' troed
a'i odrwydd yn destun piffian,
yr un fath â'r het Rwsiaidd a wisgai 'Nhaid.

Ond roedd y tŷ'n gyforiog o bethau da,
a swigod coch
poteli Corona
yn boeth â bwrlwm Sadwrn,
fel arian gleision fy mhoced
'rôl dychwelyd y gweigion
yn siop y gornel.

Ddoe,
daeth yr enw i 'nghyfarch eto,
ond bod cenhedlaeth
ers mynd 'nôl â'r botel olaf,
ac o'i ddrachtio
dyna braf oedd derbyn
dros gownter amser
ddegwm llosg yn fy llaw.

GWADDOL
(gyda diolch i Gruffudd, pan oedd bron yn ddyflwydd oed)

Ni wyddost beth yw rhith dwyieithrwydd gwlad
na deall fawr ar ystadegau'r Bae
pan waeddant hwy mor freiniol yw ein stad,
er bod yr holl benawdau'n datgan gwae;
ond gwyddost siŵr am Makka Pakka dwt
a sgwrsio â Cyw fel 'taech chi'n ffrindiau erioed,
pa ots nad wyt yn saff o'th *hand* a'th *foot*,
fe elli bwyntio'n iawn at law a throed;
a ffwrdd â thi, heb falio dim os bydd
rhyw dwll neu ddau i'w cael yn argae'r iaith
sy'n bloeddio'i mwstwr main bob cam o'r dydd
a mynnu'i hawl ar dafod fel pe'n ffaith,
am fod 'na gornel fach o'th galon di
o hyd yn gorfod trosi iddi hi.

10:00

SADWRN YN SALEM
(ymarfer côr)

Mae'r lloriau pren
yn grwgnach gan ôl ein traed
a gwarafun ein hymyrraeth
ar ddydd gorffwys y dwthwn hwn.

Ar y waliau,
mae'r wynebau'n gwgu,
gan fygu hanner gobaith
fod rhagor o bechaduriaid
wedi eu dwyn
i'r gorlan.

Ond fe'u gadawn yng ngresyn y festri,
eu pennau'n siglo
o dan gerydd ein hemynau catholig,
yn gwaredu mai siffrwd sgôr
sy'n seiadu yn y sêt fawr.

Ac wrth gloi'r piano
gadawn i'r llwch ddisgyn
yn dafodau euog,
a throi clust fyddar
ar gynffon gweddi yn nhro'r allwedd.

HWIANGERDD

Rhyw fore Sul oedd hwn i droi at waith
y diwrnod glawog, er mwyn dwyn yn ôl
y pnawn o haul pan ddysgaist bwt o iaith
i glustiau'r mab a swatiai yn dy gôl;
nid oedd ond rhibin cân ar dâp yn salm
soniaredd llais na chlywyd ers sawl blwyddyn,
a cheisiais roi i'w rhythmau herciog falm
dadeni cryno-ddisg, cyn gweld mor gyndyn
y deui dros y gamfa wen i fyd
lle na chawn bellach fynd am dro i'r coed,
a phrofi drwy'r eiliadau olaf mud
dy anal mor gaethiwus ag erioed;
fel clywed pnawniau dau yn canu'n iach,
yn croesi draw ag un ochenaid fach.

TAI

(mynychu agoriad swyddogol rhes o dai yn Nant Gwrtheyrn
un mis Mai, ganol yr wythdegau)

O'r diwedd,
cyrraedd;
rhes o dai – dyna i gyd.

Ac er i Mam addo
y cawn dro efo'r ffwtbol newydd,
gorfod dioddef
dyn mewn tei
yn paldaruo am 'y Gymraeg',
am atal rhywbeth o'r enw 'tranc',
a phawb o'm hamgylch
yn codi'u pennau
a nodio'n brudd,
fel petai'r nen ar fin syrthio,
chwedl Asterix,
ond yna'n gwenu
a brolio'r tai,
cyn gorymdeithio o'u cwmpas –
pob un yn ei dro
er eu bod nhw i gyd yr un fath!

Tai bychain
heb ddodrefn na hanesion
o fewn eu pedair wal;
fu neb yn cynnull senedd,
na sgwennu'r Beibl fan hyn –
nid fel trip y llynedd;

eto,
hoffais fod ein geiriau ni'n ateb o'r muriau,
a bod ogla'r paent newydd
yn llenwi'r gwagle.

O'r diwedd
cadwyd yr addewid;
allan â mi i'r cae
i sgorio dros Gymru,
a'r terasau creigiog
yn rhwygo'r awel bapur â'u bloedd.

Er bod y dydd 'di blino
erbyn llusgo yn ôl tua'r car,
a'r gwynt yn codi,
ni ddisgynnodd y sêr;
yn hytrach,
winciai'r wybren
yn ddiysgog arnaf;

cofleidiais y ffwtbol yn falch;
cawn ddysgu eto
beth oedd ystyr 'tranc', mae'n siŵr.

11:00

GALW
(darllen llythyr yn archif y Llyfrgell Genedlaethol)

Weithiau
nid yw'n hawdd gweld drwy fwg aelwyd,
a'r gannwyll
wedi strempio'i chwyr hyd y ffenestri,
yn llen rhyngof a'r llaw.

Ond ni thâl gwyleidd-dra
wrth guro ar oes arall
a disgwyl croeso,
er na rannwn ond yr iaith
yn llinyn llên
mor fregus â brodwaith y bwrdd
a'r olion bysedd yn y clai.

Yn bostmon amser
gwisgaf sbectol chwilfrydedd,
ond mae'r bensel yn troi'i thrwyn
ar y ffeithiau,
a dadwrdd ei phrotest
fel crafu cen oddi ar lechen,
nes dod at air
â staen byw wedi trochi'r inc;

bryd hynny
trof y bwlyn gan ffroeni tamaid;
rhof fy mhen heibio i'r drws,
a chael gwahoddiad
i fwyta fel 'tawn i gartra.

RHWYG

Pan oeddwn fachgen nid oedd gliniau'n bod
ar jîns, na lliw ychwaith ond lliwiau ffarm,
ni faliwn ddim wrth rempio cylch y rhod
na golchi 'nghrys mewn olew injan car
mor ddestlus; serch daeth terfyn concro coed,
anturio 'mysg y drain a chloddio tyllau,
ac nid yw lludw llyfrau'n cadw oed
yn tarfu fawr ar grych y siwt a'r crysau;
ond ambell waith, wrth wisgo'r bore Sul,
fe ffeindiaf dwll fu'n blasu peth o'r brag,
neu ôl y rhwyg fu'n lledu'r llwybr cul
wrth gicio'r cenedlaethau i gôl wag;
ac yno ym mlerwch pwythau'r siwmper ddrud
mae'r edau strae yn chwilio'r llanc o hyd.

ENW

Dy ganfod
yn sefyllian ar gornel e-bost,
a rhuban y neges drydan
yn crynu fymryn ar y sgrin,
fel 'taet wedi chwifio llaw
i dynnu fy sylw.

Mae'n rhaid mai rhyw don o ynni
a agorodd gaead yr arch
ar ddamwain,
ond o nodi'r amryfusedd
hawdd yw hysio'r llygoden
i'th dywys yn ôl
i gorlan cynhebrwng

cyn gwaredu'r chwithdod.

MEINI
(rhyw filltir sydd rhwng cofadail Neolithig Bodowyr a'r fynwent
lle claddwyd fy mam)

Gallaf eistedd ym Modowyr,
a gwylio
sawl Suetonius
Eryri
yn bygwth croesi'r Fenai;
rhof gam amarch dros haearn ffens
a gorffwys fy mhen
ar fadarchen o faen,
cyn syllu i fyw llygad
Mam Natur,
neu droi at dŵr Llangaffo
sy'n pigo'r pellter.

Yr un cedyrn
sy'n gofalu
am y gromlech gain
lle mae'i henw
wedi brychu'i goffâd
drwy'r garreg
i berchenogi ei brut;
ond bellach nid man i oedi mohono
am mai eiddo hanes yw profiad,
a'r garsiwn
wedi hen groesi'r afon.

EDEN

(o weld y darn celf 'Yr Ardd – Argraffiadau o'r India' (paent ac edafedd
ar galico), gan Eleri Mills)

Er gwaetha'r Gair,
dau Adda oedd deiliaid ein perllan
pan oedd cloc Sadyrnau
yn seinio
yng ngwichian y giât.

Arloeswyr y jyngl drefnus,
a'r enfys
yn llygaid ein gilydd,
am y gorau yn llowcio awyr
a dychymyg
wrth grogi
o fysedd nain y goeden fawr.

Swatiwn yn y gwyrddni gwlanog,
olion gwaed mwyar
lle bu bysedd yn prowla,
a phoen bol
fala surion bach ein Pren
yn dannod pechodau;

yna down at y dail tywyllach,
cyn loetran
wrth geg ogof,
ac aros cwningen Alys.

MUDO

Ar riniog fe gaf rannu
eiliad hir, cyn gweld y tŷ
didaro'n taenu stori
ein ddoe dan fy mysedd i'n
drwch o lwch, a datod clo
hafan y cyfan; cofio
haen o liw ar bob wal wen
yn dal sgythriadau heulwen.

Ond fory, a diferion
oer y glaw yn rheg y lôn,
heibio'r af, a dyddiau brau
y lle hwn namyn lluniau.

ELLERS
(hoff emyn fy mam)

Yn Sadyrnau'r chwarae nid oeddet ond
  byrdwn; byseddwn burdan piano i roi
polish ar gynghanedd yr oedfa. Gwyddwn
  y gwisget anrhydedd ei hoff emyn hi,

a bod iti lais y tu hwnt i gordiau'r dôn,
  geiriau a fwriai ddwylo ffydd ar flinder byd
a hanner adwaenwn; ond tra tywynnai'r
  hwyl oddi allan, nid oeddwn am d'adnabod.

Daethost drachefn pan oedd ei harch yma'n
  porthi'r archoll o'r sêt fawr; ei hoff emyn
bellach yn groes i'w chario wrth herio'r gwacter;
  daethost, a chydgerdded hyd y carped

crand i Emaus ein dagrau, rhannu bara
  yn gymwynas galar, a chyn ymadael
gwasgu'n dynn fy llaw grynedig innau,
  a hoelio gwybod yn graith ar groen.

PARC
(ym Mharc Bute, ddiwrnod protest Cymdeithas yr Iaith yng Nghaerdydd)

Down at heulwen
sy'n denu teulu,
a gwylio'r golau
yn suo'i segurdod rhwng pob blodyn,
cyn taflu'i belydrau
dros ffiniau'r ffyrdd.

Yma, ni fynnwn ond ein tamaid
gofod dan gysgod rhyw goed,
a chadw at led hances boced
fel nad ydyw ein byw
yn tarfu yr un terfyn.

O gam i gam mor gymen,
a hi'n haf,
hawliwn y llwybr gofalus,
a'i lôn gul
yn y gwaed.

Ond clywn golyn y gwenyn
yn swnian sloganau
reiat hyd yr awel,
a'u neithdar yn gwasgaru
Cymreictod
yn wrid ar flodau.

KNICKERBOCKER GLORY

Brân o bwdin
yn nesáu,
a'n llygaid mor fawr
â'r geiriosen
sy'n goron ar y gŵr –
cawr, sy'n llawer mwy
na'n stumogau
un prynhawn.

Mewn caffi,
mae Nain a fi
yn rhannu blasyn o blentyndod
â dwy lwy hir.
O'n blaen,
'Gwynfyd mewn Gwydr',
mynydd melys i'w goncro,
a ninnau,
fel Hillary a Tenzing,
yn arloeswyr rhewlifoedd;
ni all Taid,
tu ôl i'w bapur,
ond gwaredu rhag y fenter.

Gyda thorri'r gragen iâ,
fe dreigla'r saws mefus
o'i grombil;
diferyn o lafa'r bywyd
ar dafod
yn rhaff achub atgofion
rhag disgyn ohonynt
drwy agen
i ddieithrwch
darluniau.

Heno gwyliwn y *Muppets*
nes byddwn
yn dwmpath o gyfeddach.

14:00

CWAREL

Daw dau o'r gloch
i setlo
ym mhwll y stumog,
a thrymhau'r prynhawn.

Drwy'r gwydr,
mae'r cwod yn diogi,
a'r stiwdants yn llwybro'u
gollyngdod diddarlith.

Nid oes gefynnau gyrfa
am eu harddyrnau hwy,
ond buan y daw ywen Gruffydd
i blannu'i gwreiddiau,
a dynodi
tro ar fyd.

Heddiw
fe dorrwyd y glaswellt,
a gwymon o resi gwyrddion
lle bu'r llafnau'n gwibio.

Do, fe'u gwelais gynt
drwy'r cwareli ieuainc
pan oedd y byd yn ffenest agored
a'r pryfetach
yn siffrwd esgyll eu gobaith
drwy'r bwlch.

Ond mae'r cyffion yn cosi,
gan rwgnach
na ddaw aroglau'r gwair
i'w cywain
a'r gwydr yn glep;

trof
yn llyfnder y lledr
ac agor ffenestri'r sgrin.

CLODDIAU
(i Edward a Gareth)

Rhyw faglu crwydro wnaem hyd Fedi brau
fel 'tai'n Orffennaf gwych, pan oeddem ni
yn sioncach ar ein traed, a'r lôn yn iau,
wrth redeg o'r Henefail rhag y ci.

Rwy'n cofio porfa wyrddach daear lawr
a phob mwyaren ddu yn grwn fel gem
wrth basio gwrych petalog tro Tŷ Mawr,
cyn cyrraedd gwledd perllannau Anti Em.

Ac er na'n daliwyd ni yn nhrem y llwynog,
mae trindod lôn yn chwilio'r dyddiau gwyn,
a sbecian cysgod byr y llwybrau heulog
sy'n sleifio rhwng blodeuged perthi'r Bryn
a'r anhreuliedig flas ar jam Whitehall,
ond gwn mai 'myrraeth fyddai mentro'n ôl.

17.ii.13
(i Joseff)

Rwyt ti'n hongian o 'mysedd,
fwystfil bach;
crafangau'n cydio mewn cnawd
ac yn siglo'r wawr i drwmgwsg;
arlliw breuddwyd yn ysgryd amrannau,
a henwr dy wyneb
yn blentyn drachefn.

Syllaf i'r llygaid sy'n pendilio
rhwng di-hid a diniwed ein dyddiau,
yn lleisio glas dy ryddid;
cyn gweld cyhwfan arddwrn ddioriawr
drwy'r wybren,
yn herio ymdaith yr haul i'w derfyn.

Rwyt ti'n hongian o 'mysedd
unwaith eto,
am y gelli gofleidio'r tipian twt
o'r ennyd
heb deimlo dannod
blaen ei bysedd ar dy war;
minnau'n erfyn
am inni orffwys ym mreichiau'r gwyll
am funud arall.

GALAR
(7 Mehefin 2009)

Mae'r parti'n barod.

Gosodwn y gacen ben-blwydd ar y bwrdd, ac estyn y canhwyllau
cyfarwydd o'r drôr. Taenu'r difyrrwch fel jam ar frechdan. Ac wedi'r
jeli, chwythu'n dymuniad a sglaffio rhialtwch.

Heddiw, rwyt ti'n bedair ar ddeg,
yn laslanc fy hiraeth.

Ond lle unwaith y ffolaist ar y ffws, rwyt ti'n gwrthod eistedd wrth
y wledd ac agor parseli prudd. Eleni, wedi cusan ffwr-bwt o boen,
rwyt ti'n baglu am y drws,

gan ein gadael
i ganu uwch fflamau am ysbaid,
cyn clirio bwrdd y gegin.

8.iv.15
(i Bedwyr)

Mae'r ystum yn gyfarwydd;
plygu pen,
ysgwyddau'n crymu â blinder
a'r bwndel yn hepian yn fy mreichiau,

ond mae'n ysgafnach nag y cofiaf.

Ar unwaith,
daw fflyd o ddefodau dyddiol,
a nosweithiol,
i strwythuro'r misoedd magu,
ac edliw gwynegon.

Syllaf arnat,
a chael yn dy wyneb
dlysni a welais o'r blaen,
fel codi llyfr prin mewn siop,
oglau'i glawr yn denu drachefn,
er bod copi rhwng fy silffoedd,
a hanes y prynu tro cyntaf
yn megino marwor balch
o berchentyaeth.

Ond o fwytho hwn,
mae'r mymryn o amrywiad
yng ngwnïad y tudalennau,
a'r llofnod amgen ar wynebddalen
yn hynodi'i stori ei hun,

ac fe'i prynaf eilwaith
yn fwndel o falchder.

RHOSYN

(yn ffenestri lliw Eglwys Gadeiriol Lincoln mae peth gwahaniaeth
rhwng y lliwiau gwreiddiol canoloesol a'r cwareli a atgyweiriwyd yn
ystod Oes Fictoria)

Am dri y pnawn,
er bod y golau'n pylu,
gwelais ei gelwydd.

O bell, ni fyddai neb
am amau petalau'r paent
ar flodyn defosiwn;

dof hyd braich,
lle gallaf fyseddu pob cwarel
a busnesu yn nhyllau hoelion

y lliwiau agnostig.

Syllaf ar eu disgleirdeb,
fel darnau o dân
yn ceisio unffurfiaeth cred,

cyn daw cywirdeb clec
i gyffroi'r pren o dan fy nhraed,
a'r cysgodion
yn ffrydio drwy'r gwydrau.

Yfory,
bydd bwa arall o dafodau
yn tywynnu'i faddeuant.

16:00

SŴN

Telyneg y gynghanedd
sy'n lleisio sicrwydd byd
all lyfnu pob anghytgord
yn solas cerdd o hyd;

ond mae 'na glust sy'n feinach
a glyw rhwng cordiau'r côr
y waedd pan waeda'r nodyn
fel olew'n stremp ar fôr;

a chael yn hollt yr alaw
y twrw'n plicio'r clwy
heb chwennych ond byddardod
wrth wrando'r harddwch mwy.

DRWS
(i'r hogia)

Fe'th roddaf ar y gwair
iti gael teimlo anwes gweryd
a gwyrddni,
ond mae gennyt uchelgais palmant
o dan dy gamau brain,
a hwnnw'n cynnig clais
wrth fargeinio codwm.

Er gwahodd ganwaith
y carped clai,
anwylaf y traed trwsgl
sy'n dyheu am un pi-po yn rhagor
drwy adwy'r cwymp.

MARWNAD

Mor anodd yw rhoi geiriau ar gerdded
yng ngwres y dosbarth
a hwythau'n gefngrwm dan eu byrdwn braw.

Ambell waith, ni wnânt
ond syrthio'n fudan ar galedwch iaith,
eu corneli'n gam fel pigau sêr ar goncrid.

Mae hyd yn oed yr awr
wedi plethu'i bysedd ers meitin,
a dirmyg diflastod y desgiau cefn
yn boddi twrw cwympo'r coed.

Ond yn angof saith canrif
ni allaf gonsurio storm
a bair iddynt golli pen

am fod llafn ddoe
wedi ildio ei ddannedd,
a'r geiriau gwaed
wedi ceulo yng ngenau'r canrifoedd
fel machlud mewn môr.

17:00

TRIP

(gwylio ffilm ddi-sain o'r 1950au, sydd, mae'n debyg, yn cynnwys rhai
aelodau o'm teulu)

Daw graean y degawdau
i brancio hyd y sgrin,
a throi'r prynhawn hirfelyn
mor frau â deilen grin.

Fe syllaf i'r wynebau
sy'n wên o ril i ril,
ond deil y camera i grynu
fel 'tai'r holl atgo'n chwil.

Ac er bod brith adnabod
yn lledu'r wên o hyd,
ni all holl ddawn technoleg
roi llais i'r chwerthin mud.

GWRTHOD

Ar drywydd adfeilion
down o Sadwrn Crucywel
i droedio'r allt,
a'r prynhawn
fel ninnau'n fyr ei wynt.

Cyrraedd y castell,
a darganfod 'mysg ei gerrig
haearn a phlastig parc,
yn goch a glas
sy'n her i'w hynafiaeth.

Down a darllen
am gad a gorthrwm,
gan lygadu'r siglen wag,
cyn agosáu
a diosg ein degawdau.

Yn ôl a blaen
ar adain blynyddoedd
yr awn,
a'r rhyddid yn ein gwthio
uwch gwaith a gwynegon
at eiliadau o las
sy'n gynilach.

Ac wrth ailwisgo'r
siaced aeddfed,
trown ac edrych ar y dwylo
anwel
sy'n parhau i siglo
cadwyni gwag,
a'r awel
yn chwarddiad drwy'r dail.

'DIOLCH ICHI AM DDOD'

Ni all geiriau lwyr alaru
rhwng clindarddach y llwyau a'r llestri,
lle mae pob cyfarchiad llaw lipa
yn drwm ddidwyll.

Wedi'r ddefod,
gwahoddiad i burdan mynegiant;
yn ddifeddwl cnoaf gwlff o gaws
wedi'i osod
rhwng dwy dafell cydymdeimlad,
a gwrando'r enaid
yn merwino
yng nghlymau anwedd y boiler.

Ond wedyn, uwch undonedd
hwyrgan y cledrau,
agoraf blygiadau gras
pecyn ffoil y festri,
a chanfod geiryn o gariad
yn halltu'r seigiau.

18:00

OED
(fy mab a 'nhad, Awst 2013)

Ei wegil deg a thrigain
a wêl y môr, a'r haul main
ar y trai sy'n sgubo'r traeth,
yn chwilio fel drychiolaeth.

Ond daw mebyd machludo
i fae, ac mae'i hafau o
â haul eigion ar lygaid
yn euro'r don; ŵyr a'i daid
yn hel hindda ar Landdwyn,
a'r golau'n gweld dau yn dwyn
ennyd fach, a doeau fil
hogyn yng ngwên ei wegil.

COFEB
(o weld y paentiad 'Cofeb 1' (acrylig ar gynfas), gan André Stitt)

Mae gan bawb eu cofebion,
am wn i;
rhai'n swagro'u coffa
yng nglendid marmor,
neu sglein yr efydd
wrthodwyd gan Horas, gynt.

Mae eraill yn llai lluniaidd,
gwyfynod
sy'n cnoi tyllau yng ngharthen amser,
neu blaciau tolciog
wedi eu hestyn drachefn o'r gist.

Caeau cysáct yw'r rhain;
doeau sgwâr o dan gnwd,
ncu falle mai gwres yr haul sy'n pelydru'r gwynder –
aceri'r cynhaeaf gwair
Sadyrnaidd eu diwrnodau,
ac eraill yn clywed clewt y biliau
ar garped y gegin gefn.

Ond mae sbienddrych adlewych
yn tremio trwch y glastir
trwy'r gwyngalch,
a'r ponciau llaethog
sy'n dreflu'u profiadau,
fel cwyr tawdd,
yn gomedd cymesuredd i'r cloddiau.

YMARFER

Nid penyd oedd Cyfarfod Plant nos Lun
lle'r oedd direidi'n crafu'r staen o'r farnish,
er gwaetha'r cloc a'n dwrdiai bob yn un
â'i salmau llym dan barch rhyw nefol bolish;
nes clywais innau sibrwd gwynt drwy'r pin
mewn pasiant poeth, pob nodyn ar y papur
mor drwm â'r Beibl mawr, neu oglau gwin,
a blas y triog ar linellau'r Sgrythur.
Ond er gwneud stumiau ar funudau ffydd
a bygwth tynnu'n groes, fe wyddai'r cloc
yn iawn na allwn ffoi na thorri'n rhydd
rhag siant y pendil mawr o flaen y doc,
a'i farn sy'n dal yn sigl ynof i:
Rhys Lewis, nid Wil Bryan, ydwyt ti.

FOEL
(Moel y Don, ar lan y Fenai, gyferbyn â Chaernarfon)

Ni wn beth sy'n fy nenu atat,
ond dof eto pan fydd yr awyr
ar wydr yn gwrido;
yn aml,
rwy'n eistedd ar lan dy heddwch
a chanfod adref
mewn bref heibio i'r wal;

yna dof at y dŵr
am fod yn ei leufer
fwrlwm tynerwch,
a'r awelon yn cyrchu gwerddon
hwiangerddi.

Na, ni wn
a fu'r heulwen yn dy frolio,
yn dweud gormod o gysgod y gaer,
er nad oes yr un dim hynod
yn llonyddwch dy donnau,
na Dwynwen yn hud ynot.

Ond ar y lan, try darluniau amser
yn ddiferion;
mae'r afon yn llifo'n llafar,
a stwyrian ei thosturi
ymhob trobwll.

DRYCH

Tu hwnt i'r ffenest
mae'r gwrychau'n gwibio,
a'r fagddu'n goferu
i'w gwyrddni.

Ond nid yw'r bws yn arafu
wrth dderbyn yr hwyr ar ei lampau;
ninnau'n gwylio'r nos
yn ein cwareli crwm.

Ac wrth rythu i'r dieithrwch
mae'r wyneb yno yn gwenu'n gam,
ac anwedd fy syllu
yn heneiddio'r gwydr.

AMSER STORI

Agoraf lyfr, a gweld dros grib tudalen
ddau lygad bach yn dweud eu disgwyl mawr,
ar bigau i brofi eto gynnwrf ffuglen
yr un hen hanes, am ryw chwarter awr;
ond er synhwyro glas canhwyllau'n pylu
a minnau am groesawu'r mudan hoe,
nid cwsg sy'n dod, ond mae f'amrannau'n t'wyllu
wrth gofio geiriau eraill fel 'tai'n ddoe;
a chael yn drwm o'r düwch lais fy nhaid
â'i docyn taith yn cyrraedd seidin seithug
i roi i syrthni'r tryciau hergwd naid
ac aileneinio cledrau fy nychymyg,
nes bod y llygaid bach yn chwyrnu 'nghau
a'r llais yn hwtian fory'n braf rhwng dau.

OFN

Wedi'r waedd,
mae'r gloywder
yn dringo'r grisiau
a chyrraedd
yn rhiniog o glydwch
wrth ddrws fy hunllef;
â bysedd mam
crib yr ystlumod o 'ngwallt,
a chwyth ei gysuron
ar fochau poethion
nes trechu bwganod.
Mae'n oedi,
a chlywed
fy anadlu'n ynganu
curiadau cwsg,
cyn troi drachefn
i'r tywyllwch.

Yn y ward
cropian crwban wna peiriant dy anal.
A'm llaw ar dy law,
rwy'n gwag wasgu
mor ofer i'r meddalwch;

trawaf wefus ar dalcen
a'i lleithder
yn eli ar gŵyr,
ac er chwilio'r melodïau
ni ddaw suo-gân
i esmwytho'r
hwyrnosau maith.
Oedaf,
a chlywed y bwgan
yn camu'n glwyfus
o'r gwynder.

HWNT
(o weld y darn celf 'Tu Hwnt' (sidan, cotwm, gwlân a dalen aur),
gan Elin Huws, a'r paentiad 'Traeth Gravelines', gan Georges Seurat)

Roedd Seurat wedi dotio at y traeth
dan lewych haf, yn ffroeni oglau gwymon;
at ruban aur o drai a dŵr y daeth
ac erfyn bad i lyfnu'r gorwel union.

Hwnnw'n ddisymud, er angori'r daith;
ffagl ei fast yn pontio nen ac eigion,
yn dwyn rhyw drefn ar swmp y melyn maith
a honni bod i'r cread ei ymylon.

Mae'n anos dirnad mesur hyd a lled
y tonnau aur diorwel; môr breuddwydion,
lle mae'r cusanau blêr sy'n staenio cred,
a chelloedd dibendrawdod tyllau duon,
yn mynnu'r hawl i enaid geisio gwell
na chelwydd terfynoldeb llinell bell.

MAP
(croesi Sir Fôn mewn awyren am y tro cyntaf, wrth iddi nosi)

Ai awr go iawn yw'r gweld
drwy gwarel ucheledd,
pan ddaw cynfasau o gaeau gweu
i'r fei
mor fach ag erwau cell,
yn sgwariau cam,
a Mona yn llwyd fel ymennydd?

Yno, dan adenydd,
di-hid yw rhyddid rhes o ddoeau, a'u lampau lu
yn galw llwybrau'i gilydd;
atgofion melynion
yn lein o belydrau drwy gymylau gwe.

Ond troi trwyn a wnaf
ar y nos a'i rhaid;
gwadu'r hwyr a'i dwyllwyr,
am fod eu lleufer yn medru dallu,
a'r hiraeth
yn gwasgu ar ddur awyren;

cyn derbyn gefynnau'r wybren
a chlo'r presennol;
dim ond eistedd
ac aros y tyrfeddau.

21:07

Pan fo'r ennyd ben i waered
caf gip arnat
sy'n harddu'r afluniad.

Mewn llun amherffaith
trawsacen edrychiad,
fel gweledigaeth ffenest ar garlam;

ond nid oes terfyn
all gaethiwo dwy olwyn bres
sy'n llosgi'n dwll

a gadael ôl
petalau meillion
ar dresi'r dyddiau;

a churiad trigain eiliad
wrth siffrwd dy enw
yn gwefrio'r gwynt.

TAMAID

Roedd Proust 'di deall beth oedd blasu bod
yng nghusan breuder briwsion cragen fach,
fel saeth yr haf ar ruddiau yn mynd a dod,
fel gwin sy'n hudo degawd yn agosach;
ces innau fêl blynyddoedd yn fy ngheg
o grombil cwpwrdd pren yn nhŷ fy nhaid,
o ddrôr cynhaeaf bras y tylwyth teg
a farnish hen felysion arno'n llaid;
mae'r cwpwrdd bellach wedi symud tŷ
a'r tylwyth teg 'di colli'r map ers hydoedd,
ond yno yn llwch, mae sawr Sadyrnau lu
a'i ffatri'n ail-greu losin wrth y cannoedd,
ac er bod peryg pydru dant y co'
rwy'n gyndyn iawn o wrthod agor drôr.

CYNNAU

Melyn
yn cwafrio'r caddug,

fel ag y gwna'r haul
o gilfan drych ôl y car,
wrth sbecian arnaf
ar deithiau Mehefin.

Megis trip ysgol Sul ers talwm
dyma ddefod arall y dyddiau hirion,
gosod cannwyll
ar deisen doluriau,
er na wahoddir yr un gwestai
i rannu bwrdd â'r galarwr
bellach.

Eleni eto,
mae'r cwyr yn toddi
ei brofiadau
fel dagrau petrol ar farwydos;
try'r melyn
yn oriel fermiliwn
o flaen fy llygaid,
ac fe'th welaf eilwaith,
filwaith,
drwy'r sbectrwm.

GOSTEG
(yn ôl ymchwil diweddar, mae'r ymennydd yn creu atgofion drwy
atgynhyrchu digwyddiadau a sefyllfaoedd tra ydym yn cysgu)

Mae celwydd golau'r t'wyllwch mud
yn mynnu hel huodledd ffaith,
fel craith ar record hir ein byd.

Pan fo'r ymennydd yn ei grud
myfyrio siant munudau maith
wna celwydd golau'r t'wyllwch mud,

a dysgu dweud ei drwst o hyd
wrth honni adfer tafod fraith,
fel craith ar record hir ein byd.

Ond pan ddaw lleisiau'r dydd ynghyd
i loetran eto ar eu taith,
mae celwydd golau'r t'wyllwch mud

yn dyst i damaid bach o'r hud
yng ngosber gwiw efengyl iaith,
fel craith ar record hir ein byd,

all suo gair rhwng gwir a brud
a themtio ffuglen at ei gwaith;
mae celwydd golau'r t'wyllwch mud
fel craith ar record hir ein byd.

AROS

Lle llonydd yw'r platfform,
ond am sodlau'r eiliadau
yn hoelio'u hamynedd i'r llawr,
a'r gwynt sy'n plagio bagiau papur
ac eneidiau.

Nos Sul ar ynys welw,
a'r cloc a minnau'n
dal llygaid ein gilydd am y nawfed tro,
cyn craffu i lawr y lein
a hawlio rhyw newid gêr yn y gwyll.

Yn danwydd i gyd,
daw'r dur ar dramp
i sgrialu'i addewid hyd y cledrau,
ei lusernau'n clecian
a byddardod ei gyffro yn rhwyg
ffarwél.

Rhof gam
a dechrau igam-ogamu
i'r hwyr araf.

PONT

Wedi'r angladd, pan ddeuai dagrau'r cur
i wylo'r nos, a'r oriau'n llusgo'u cam,
mi fynnwn godi cerdd o bren a dur
i geisio croesi'r bwlch rhwng mab a mam;
saernïo ceinder atgo 'mhob un trawst
a rhuddin hon yn gymysg â phob geiryn,
ôl haearn arni'n aur o chwarddiad Awst
ac inc yr iaith yn llosg ar raen y coedyn;
ond gwyddwn na wnâi'r nosau rif y gwlith
fyth sadio'r llwybr llaeth i'r byd a ddaw
o dan fy nhraed, ac na fydd amser brith
yn fodlon imi afael yn dy law
am na all geiriau atal troad rhod;
yng nghân y bore nid yw'r gerdd yn bod.

YMDDIHEURIAD

(i Dre'r Dryw, y fferm fu'n gartref teuluol i mi am 35 mlynedd,
sydd bellach ar y ffordd i gartref newydd fy nhad)

Wrth basio pen y lôn fe deimlaf frath
fel pe bai Meg o hyd yn hel pob teiar,
ond cadw ar y ffordd a wnaf 'run fath
a bwrw heibio i'r cilcyn hwn o ddaear;
ymlaen i'r tŷ heb dristyd yn ei arffed
na'r awyr las yn creithio llechi'r to,
lle mae 'na straeon newydd dan y carped
a sglein diddanwch ar ei gelfi o;
ond wrth droi'r gornel, lle mae'r ffordd yn hŷn,
fe'th welaf di pan oedd dy waliau'n wynnach
ac antur mêts y plentyn wrtho'i hun,
yn rhannu'r gêm, a chadw pob cyfrinach,
nes clywed edliw'r lôn yn sŵn y gro
na stopiais i mo'r car, a dweud helô.

COF-IO
(gweld atgof ond methu â'i gofio)

Yn sbri a direidi dau
mewn llun, mae ein holl wenau
wedi'u dal; bychan a'i daid
am awran yn gymheiriaid
mewn oriel o gar melyn,
yn des ar atgofion dyn.

Ond gwên lac y camera cu
oedd hon, am na all ddenu
hafau coll i fywiocáu
hen ledrith yn belydrau
ffenics, dim ond gorffennol
llun a'i oed yn syllu 'nôl.

'MORGEN!'
(yn Nhrefin, 18.iv.11)

A thrachefn
fe droediwn dywod;

down ein dau
tua'r golau
a dyf o'r gorwel fel pren ir,
lle gorffwys modrwy
yr wybren ddigwmwl
a gollwng nodau o dân
ar gusan glesni;

nid oes yn nrych llygaid
ond y dydd
yn diosg trosom
ei lonyddwch.